Meine Lieblingsfraktale
Band 1
von David E. McAdams

Die Bilder in diesem Buch wurden mit Fractal Forge erstellt. Fractal Forge kann von https://sourceforge.net/projects/fractalforge/ heruntergeladen werden.

Copyright 2021, Life is a Story Problem, LLC. Alle Rechte vorbehalten. Kein Teil dieses Dokuments darf ohne die ausdrückliche schriftliche Zustimmung des Urheberrechtsinhabers kopiert, reproduziert oder in irgendeiner Weise gespeichert werden.

Andere Bücher von David E. McAdams

Farben der Papageien – Eine Einführung in das Konzept der Farben. Für Vorschulkinder.
Blütenfarben – Eine Einführung in das Konzept der Farben. Für Vorschulkinder.
Farben von den Weltraum – Eine Einführung in das Konzept der Farben. Für Vorschulkinder.
Formen – Eine Einführung in Formen. Für Vorschulkinder.
Zahlen – Eine Einführung in den Zahlenbegriff. Für Kinder im Alter von 5–7 Jahren.
Was ist größer als alles? (Unendlichkeit) – Eine Einführung in das Konzept der Unendlichkeit. Für Kinder im Alter von 8–12 Jahren
Schaukeln (Menge) – Eine Einführung in die Mengenlehre für Kinder. Für Kinder im Alter von 7–10 Jahren.
One Penny, Two – (auf Englisch) Wenn sich Sigs Penny jeden Tag verdoppelt, wie lange dauert es dann, bis er einen dunkelgrünen Sportwagen kaufen kann? Für Kinder im Alter von 9–12 Jahren.
Learning With Money Activity Kit – (auf Englisch) Bringen Sie große Zahlen und das Zählen mit über 1.000.000 US-Dollar Spielgeld bei.
Meine Lieblingsfraktale (Bände 1, 2) – Bilderbücher mit wundersamen Fraktalen, präsentiert als hochauflösende Bilder. Für jedes Alter.
All Math Words Dictionary – (auf Englisch) Ein Mathematikwörterbuch für Schüler der Voralgebra, Algebra, Geometrie und Vorkalküle. Ab 12 Jahren.
Die ersten Millionen Ziffern von Pi – Die ersten Millionen Stellen von Pi. Für jedes Alter.
Die erste Million Ziffern von e – Die ersten Millionen Stellen der Eulerschen Konstante e. Für jedes Alter.
Quadratwurzel aus 2 bis einer Million Ziffern. – Die ersten Millionen Ziffern der Quadratwurzel aus 2. Für jedes Alter.
Die ersten hunderttausend Primzahlen – Die ersten hunderttausend Primzahlen. Für jedes Alter.
Orders of Ten – (auf Englisch) Ein Buch, das Zehnerordnungen mit Punkten veranschaulicht (1, 10, 100, … Punkte). Für Kinder im Alter von 10–15 Jahren.
Geometrische Netze - Projektbuch – 80 geometrische Netze zum Kopieren, Ausschneiden und Zusammenkleben zu dreidimensionalen Polyedern. Ab 9 Jahren.
Geometric Nets Mega Project Book – (auf Englisch) 253 geometrische Netze zum Kopieren, Ausschneiden und Zusammenkleben zu dreidimensionalen Polyedern. Ab 9 Jahren.

Eine aktuelle Liste finden Sie unter www.DEMcAdams.com.

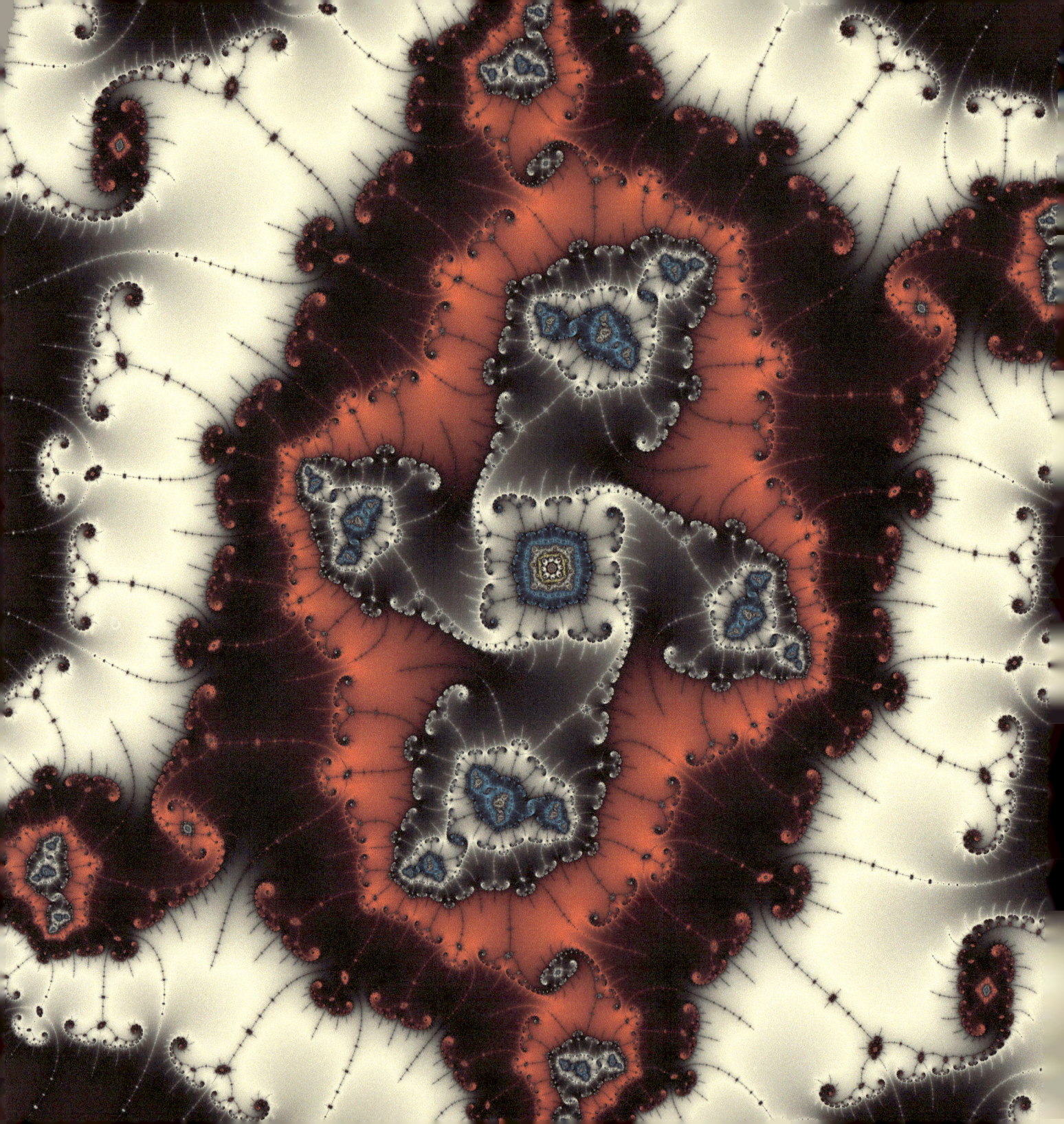

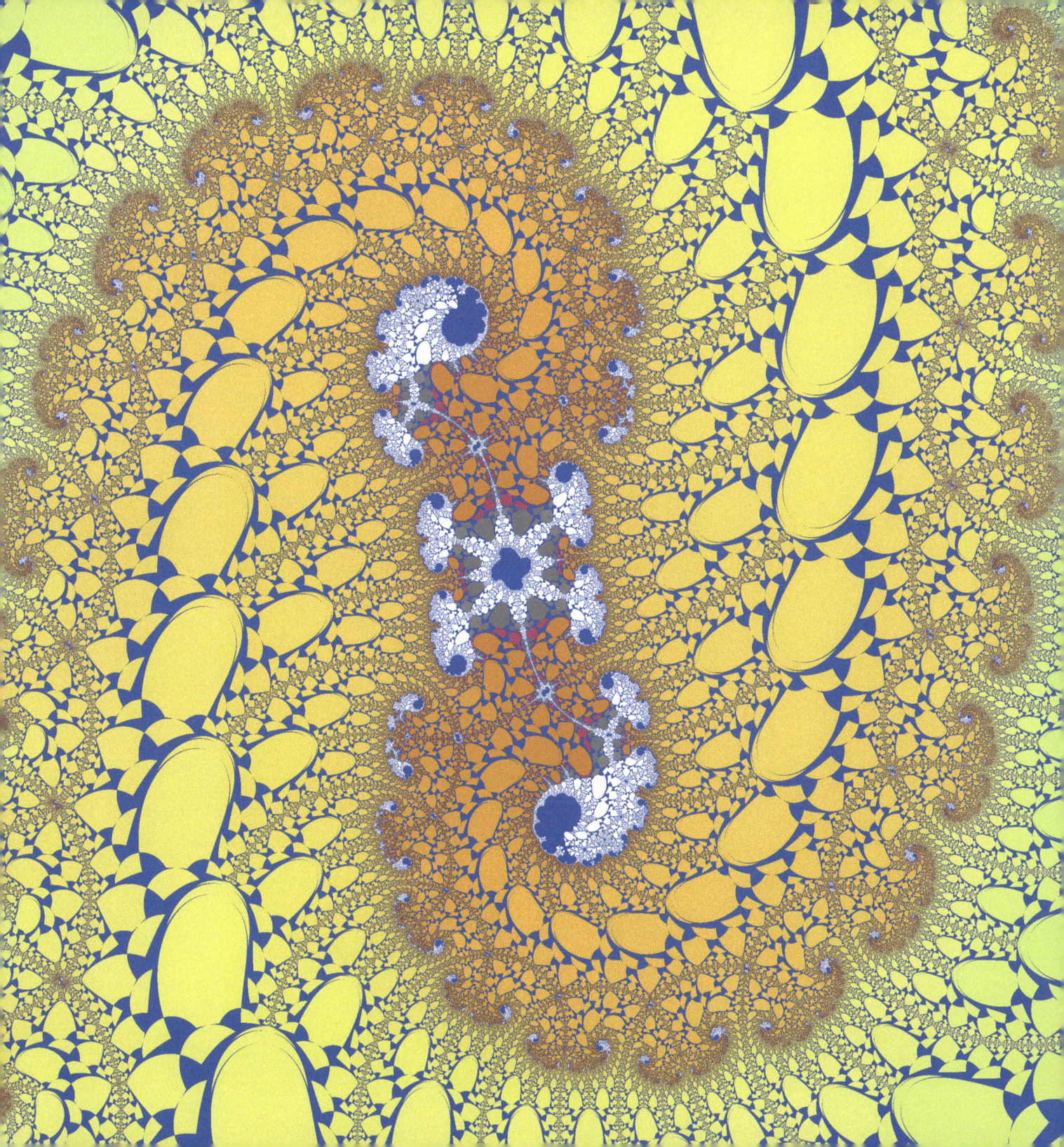

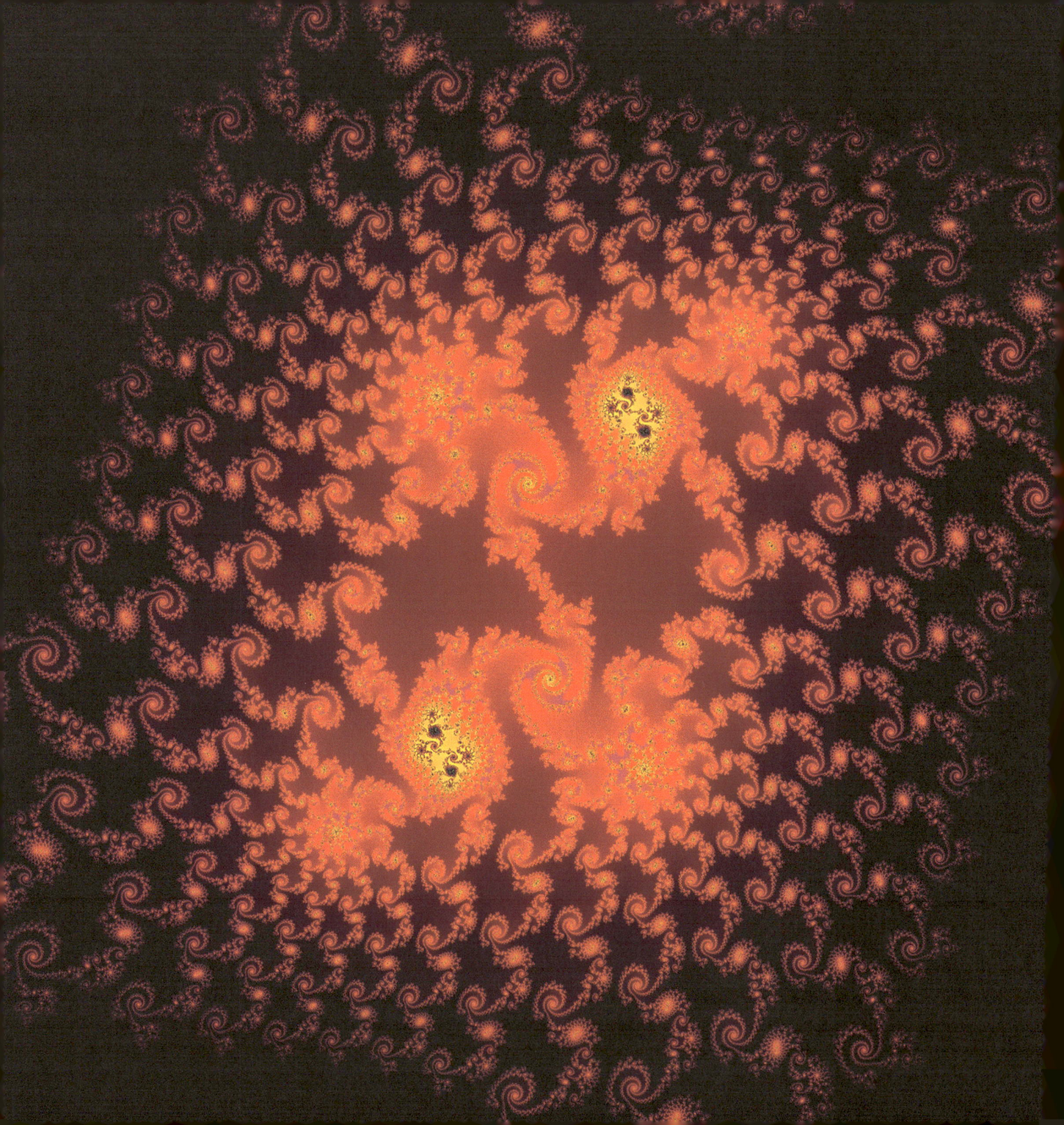

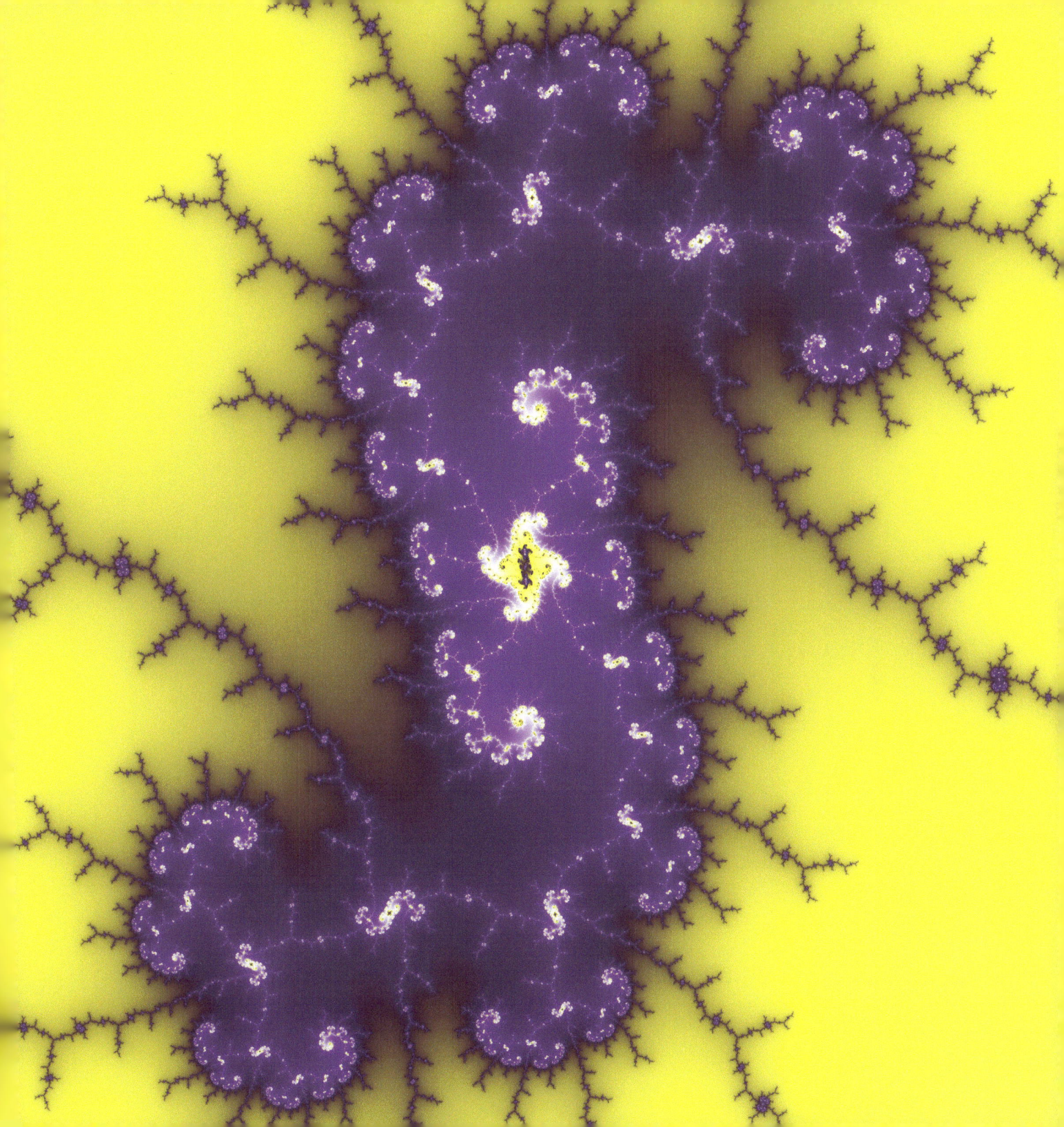

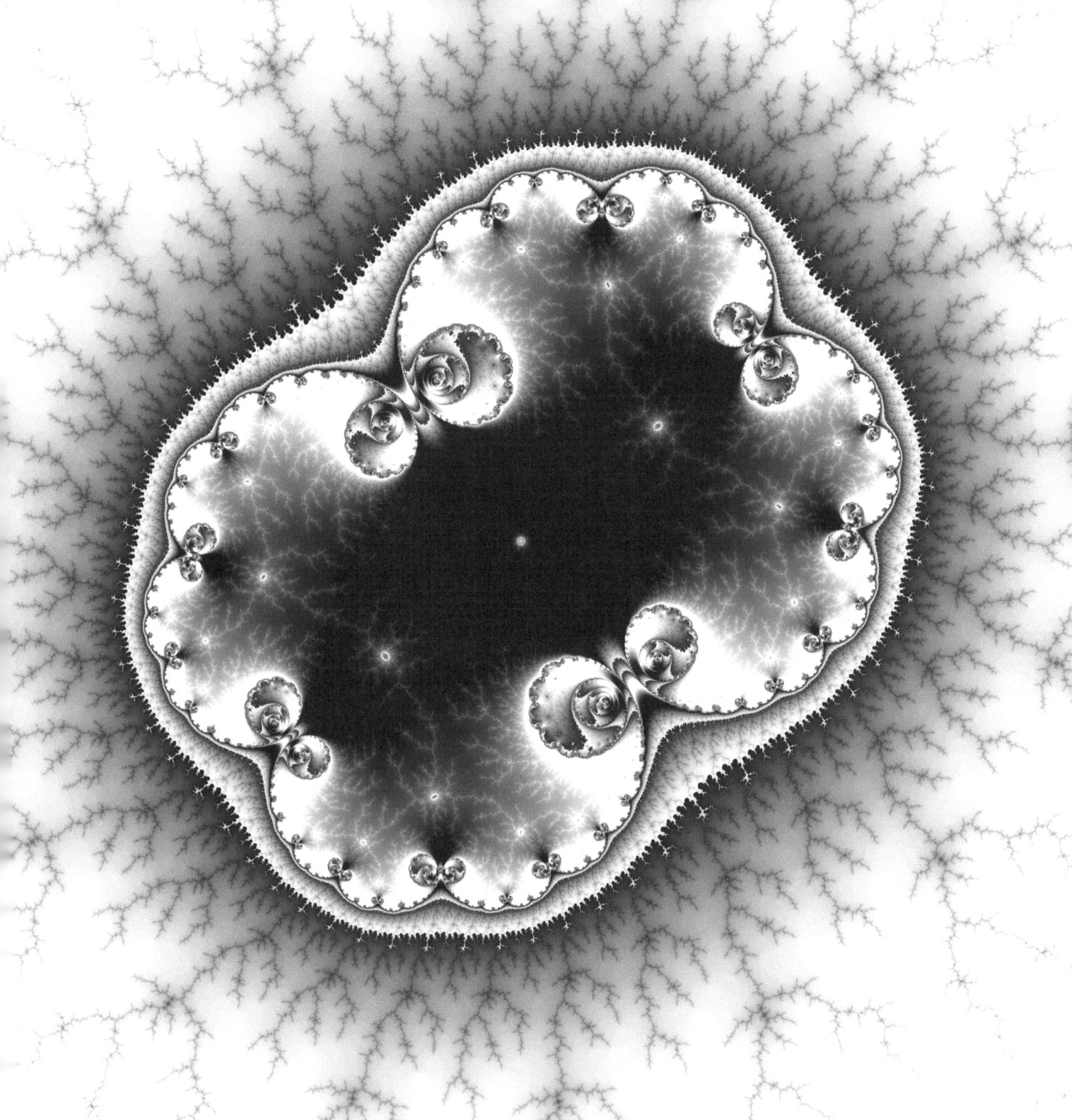

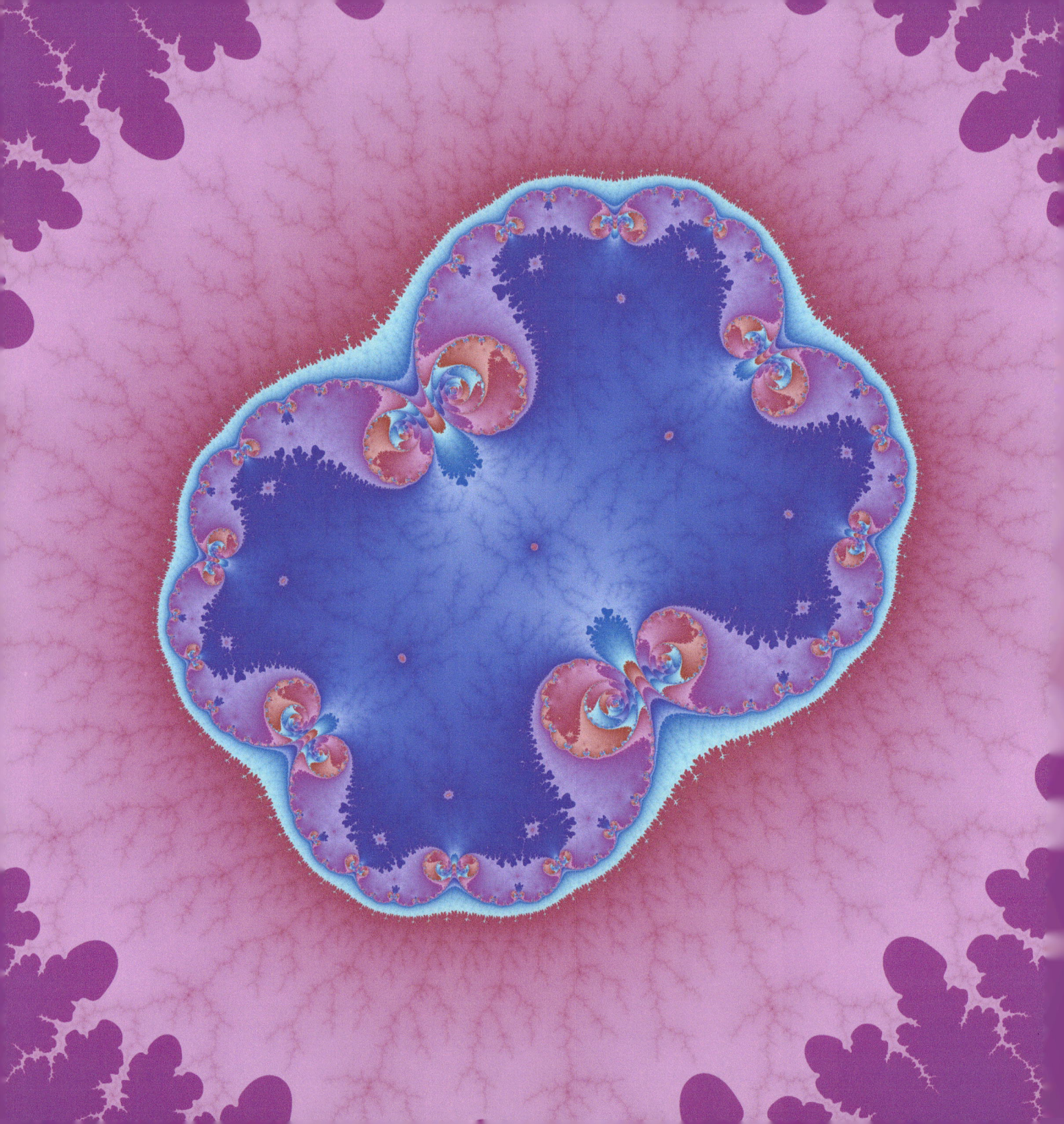